AF224526

NÉCROLOGIE

DISCOURS

PRONONCÉ SUR LA TOMBE DE

ALEXIS PACCARD

PAR

M. GUILLAUME

Membre de l'Institut, Directeur de l'École impériale des Beaux-Arts.

---

21 août 1867

FONTAINEBLEAU

IMPRIMERIE DE ERNEST BOURGES

—

1867

DISCOURS

PRONONCÉ SUR LA TOMBE DE

ALEXIS PACCARD

PAR

M. GUILLAUME

Membre de l'Institut, Directeur de l'École impériale des Beaux-Arts.

———

21 août 1867

———

FONTAINEBLEAU

IMPRIMERIE DE ERNEST BOURGES

—

1867

DISCOURS

PRONONCÉ PAR M. GUILLAUME

SUR LA TOMBE DE

ALEXIS PACCARD

Messieurs,

Au milieu de la consternation dont la fin si prématurée et si rapide de Paccard nous a tous frappés, et en dehors de la douleur d'une famille inconsolable, le deuil le plus grand comme la perte la plus étendue sont pour l'Ecole des Beaux-Arts. En effet, l'artiste excellent qui nous a été ravi lui était cher à plus d'un titre. Paccard avait fait à l'Ecole de brillantes études, et plus tard il était venu lui en rapporter tout l'esprit. Il lui consacrait son ardeur encore jeune, appuyée sur une autorité légitimement acquise. Il y déployait comme professeur ces qualités du caractère et du cœur qui, lorsqu'il était élève, le faisaient chérir de ses rivaux. Il avait trouvé dans son sein l'application la plus bienfaisante de ses talents et de ses mérites et la place où il pouvait véritablement se montrer tout entier. On peut donc dire que son existence était destinée à honorer l'enseignement et à le servir, et c'est particulièrement dans ce sens que j'ai le devoir de la résumer au bord de cette tombe, sur laquelle nous placerons, je l'espère, un souvenir digne de celui qu'elle va renfermer.

Alexis Paccard, Messieurs, était né à Paris en 1813. A l'âge de 17 ans, il entrait à l'Ecole des Beaux-Arts, présenté par un artiste qui n'avait voulu pourvoir à sa première éducation que pour en confier bientôt la direction à un maître illustre, M. Huyot. Dans le cours de ses études, Paccard montra des qualités qui passent pour s'exclure : il s'adonnait avec bonheur aux sciences exactes et réussissait dans les travaux spéciaux ; il se faisait également remarquer dans les exercices qui annoncent l'artiste véritable en prouvant chez l'élève une brillante imagination. Cette heureuse réunion d'aptitudes et ces premiers succès en préparaient d'autres d'un ordre plus élevé, et parmi ceux qui suivent nos concours ou qui en consultent les archives, personne n'oubliera le projet qui valut à Paccard le premier grand prix de Rome en 1841 : le programme, qu'il avait traité avec un style large et une noble convenance, demandait un palais pour une ambassade. La même année il obtenait le prix départemental.

Pensionnaire de l'Académie de France, il vécut dans un commerce continuel avec les modèles les plus purs et il se plut à en faire revivre les beautés ; ses envois peuvent être cités comme des exemples. Il exécuta successivement et avec une perfection rare ces dessins que l'on pouvait admirer dans sa demeure : les détails du temple de Mars vengeur, les études sur le monument funéraire de Cécilia Metella, bientôt suivies de celles qu'il fit sur la voie des tombeaux à Pompéi. Enfin, en Grèce il couronna ces travaux par son excellente restauration du Parthénon, qui excita, lorsqu'elle fut exposée, un intérêt si vif et qui mérita à son auteur les suffrages et la reconnaissance des artistes et des archéologues. Car non-seulement il avait rendu et il nous montrait pour la première fois, avec le caractère qui leur est propre, les lignes de l'édifice, non-seulement par les observations les plus attentives il en avait rétabli avec la plus grande probabilité toute la coloration, mais il fut l'un des premiers à reconnaître et à déterminer l'inclinaison des colonnes d'angle vers l'axe du monument et les courbes harmonieuses de ses degrés. Ce bel et savant ouvrage restera classique.

A son retour, Paccard, attaché comme inspecteur aux travaux de l'Etat, se vit appelé en qualité d'auditeur au conseil des bâtiments civils. Il s'y fit remarquer par des rapports excellents. En 1853, il travaillait encore aux Tuileries sous les ordres de Visconti, lorsqu'il fut nommé architecte de Rambouillet, fonctions auxquelles il devait bientôt ajouter celle d'architecte du palais de Fontainebleau. C'est dans cette résidence, où tant de princes depuis François Ier ont laissé des marques de leur passage et des témoignages des arts de leur temps, que Paccard devait appliquer toutes les ressources que mettaient à sa disposition des facultés brillantes et une expérience déjà consommée. La création de la bibliothèque, la restauration de la chapelle Saint-Saturnin et celle des appartements de Louis XIII firent honneur à son goût. De l'escalier qu'il établit dans le pavillon Gabriel, il fit un chef-d'œuvre de construction et d'élégance, tandis que dans la restitution de la galerie des Cerfs, il déployait les talents supérieurs de l'architecte, unis à toute la sagacité et à toute la science d'un érudit. Travaux nombreux et divers où son jugement prenait plus d'autorité, parmi lesquels son nom grandissait et qui faisaient ressortir, au milieu des épreuves inséparables de toute carrière libérale, une vie qui fut un modèle de constance, de droiture et de dignité.

Ces hautes études, ces beaux travaux, la pureté du caractère, une compréhension de l'art à la fois conforme aux traditions et très-libérale, désignaient Paccard pour l'enseignement. Depuis longtemps les jeunes gens recherchaient ses conseils, et l'opinion voyait en lui un maître, lorsqu'il fut appelé à diriger l'un des ateliers de l'Ecole. Il ne tarda point à réunir et à fixer de nombreux élèves. Fidèle à son éducation, il savait en exposer les principes, et il savait les rajeunir. La manière simple et large d'entendre les plans, dans laquelle M. Huyot excellait, et dont l'étude faisait la base de son enseignement, Paccard la maintenait soigneusement autour de lui ; il en appliquait l'esprit à tous les besoins du jour, se référant sans cesse aux lois les plus générales, parce que ce sont en même temps les plus pratiques et celles qui sauvegardent le mieux, quand on veut s'y plier au début, l'indépendance et l'originalité des artistes. Aussi les progrès avaient-ils été rapides ; et, par des efforts intelligents qui répondaient si bien à la sollicitude de leur professeur, ses élèves ont mérité cette année le beau succès qui leur a fait attribuer toutes les récompenses pour le prix de Rome.

Tels sont, Messieurs, les traits principaux de la carrière de l'artiste et de celle du professeur. Ces faits, dans leur simplicité, disent toute l'étendue de notre perte ; ils sont à eux seuls plus éloquents que notre douleur. Cependant elle est profonde. Hélas ! il y a huit jours à peine, notre cher Paccard assistait au Louvre à la distribution de nos prix : dans une sérénité sympathique il recueillait sa part des vifs applaudissements qui saluaient avec les noms de ses disciples son nom dix fois répété. Qui pouvait alors prévoir la catastrophe que nous déplorons et qui par moments encore nous semble impossible ? Qui pouvait penser qu'un coup funeste allait interrompre des tâches si heureusement poursuivies ? Comment croire que ce noble cœur allait sitôt se briser? Ah ! ne séparons point de l'artiste l'homme excellent. Pleurons, Messieurs, au nom des affections les meilleures, celui que ses qualités exquises nous avaient rendu si cher, comme nous pleurons au nom de l'art et au nom des études le maître éminent qui leur est ravi. L'Ecole des Beaux-Arts conservera pieusement son souvenir. Et vous, jeunes élèves, jeunes amis (laissez-moi vous donner ce titre que justifie le deuil que nous portons en commun), vous avez perdu votre guide, et je sens que vous aussi vous ne l'oublierez jamais. Vous resterez fidèles aux leçons qu'il vous a données, et en gardant sa mémoire avec respect et avec reconnaissance, vous consacrerez dans vos âmes le meilleur sentiment qu'il vous soit donné de former à vos âges et le plus salutaire que vous puissiez porter dans la vie.

Et maintenant, Messieurs, unissons-nous dans l'effort suprême que demande la séparation terrestre et disons à la dépouille que la tombe va recevoir un douloureux adieu.

Fontainebleau. — Imprimerie E. Bourges.

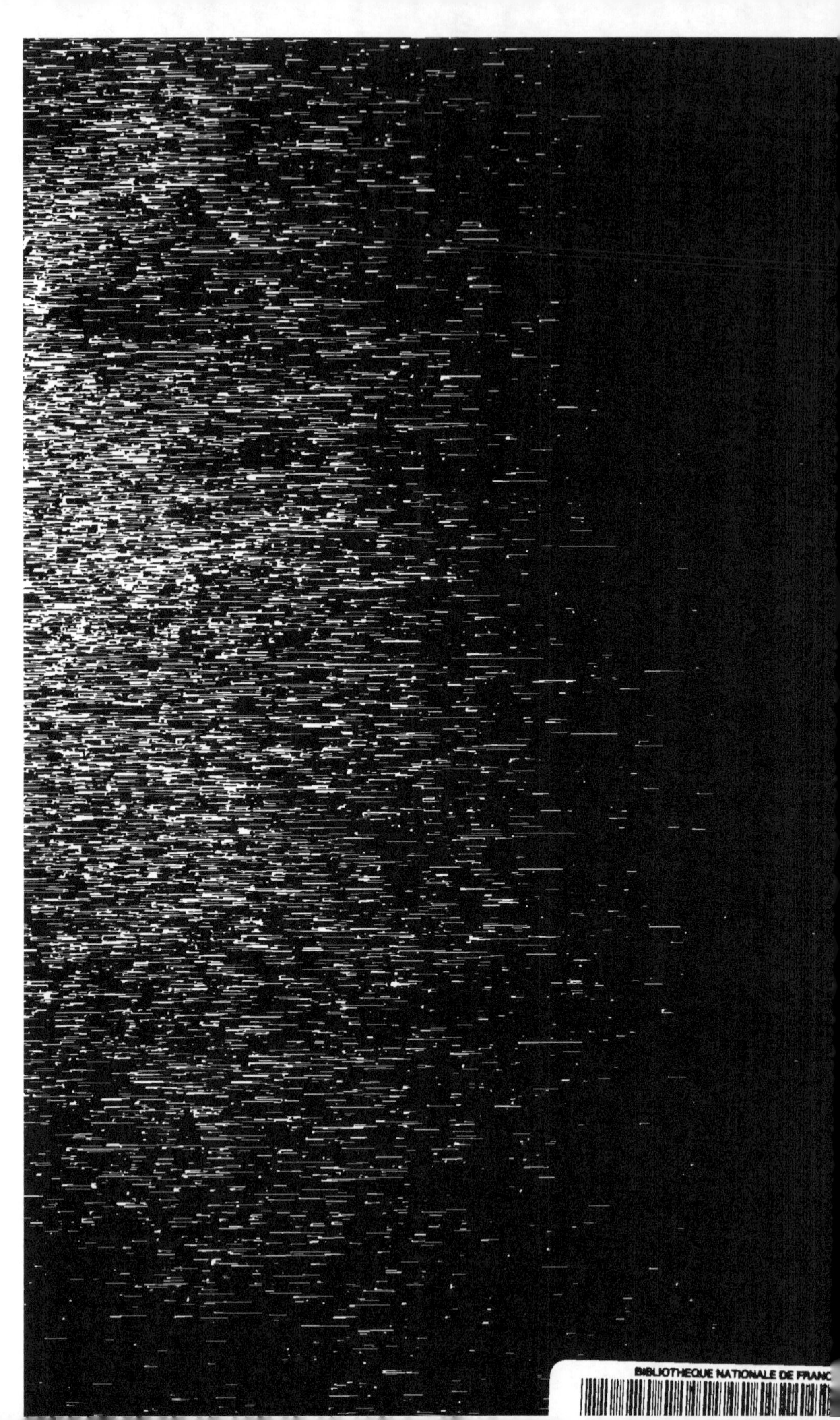

www.ingramcontent.com/pod-product-compliance
Lightning Source LLC
Chambersburg PA
CBHW051304050726
47595CB00008B/3404